해피리치 프로젝트

해피리치 프로젝트
평생 행복한 부자로 사는 법

초판 1쇄 발행 2023년 3월 7일
2쇄 발행 2023년 4월 25일

지은이 에릭 리
펴낸이 장길수
펴낸곳 지식과감성#
출판등록 제2012-000081호

교정 김서아
디자인 정슬기
편집 정슬기
검수 정은솔, 이현
마케팅 정연우

주소 서울시 금천구 벚꽃로298 대륭포스트타워6차 1212호
전화 070-4651-3730~4
팩스 070 4323-7006
이메일 ksbookup@naver.com
홈페이지 www.knsbookup.com

ISBN 979-11-392-0971-6(03190)
값 7,700원

· 이 책의 판권은 지은이에게 있습니다.
· 이 책 내용의 전부 또는 일부를 재사용하려면 반드시 지은이의 서면 동의를 받아야 합니다.
· 잘못된 책은 구입하신 곳에서 바꾸어 드립니다.

지식과감성#
홈페이지 바로가기

Happy Rich Project

해피리치 프로젝트

평생 행복한 부자로 사는 법

에릭 리 지음

행복을 운에 맡기지 말라!

"3주만에 완판된 베스트 셀러,
파일럿이 전하는 인생전반의 설계법"

교보문고 베스트셀러

YES24 베스트셀러

지식감정

목차

프롤로그 … 6

01. 행복을 지키는 세 가지 요소 … 9

02. 건강 수명과 퇴행성 질환 … 14

03. 건강을 지키는 세 가지 습관 … 19

04. 풍요 속의 빈곤 … 25

05. 아는 것이 돈이다 … 31

06. 세 가지 소득원 … 36

07. 기술의 발달과 부의 이동 … 41

08. 시간의 상대적 가치 … 47

09. 해피리치 플래닝 … 52

10. 해피리치를 결단하라 … 57

| 프롤로그 |

　결핍은 행복의 소중함을 깨닫게 해 주고, 위기는 몰라 봤던 기회를 만나게 해 준다. 나는 25세라는 어린 나이에 결혼식을 올리고, 난방도 되지 않는 강원도 군인 아파트에 한 살 어린 아내를 데리고 왔다. 보일러 공사를 했는데도 너무 추워서 점퍼를 입고 침대 위에 올려 둔 침낭 속에 들어가서 잤다. 자고 일어나면 거실 물컵이 꽁꽁 얼어 있었다. 잦은 밤샘 근무와 영내 대기로 퇴근을 못 할 때면 아내에게 무슨 일이 생기진 않을까 걱정이 앞설 정도였다. 그래도 우리 부부는 행복한 미래를 꿈꾸며 열심히 살았다. 그러던 중 몇 년이 지나도 아이가 생기지 않아 병원에 가서 검사를 받아 본 결과 아내는 불임이었다. 의사 선생님은 아내의 자궁 상태가 노인에 가깝다고 이야기했다. 엎친 데 덮친 격으로 나는 다리를 다쳐 좌측 반월상 연골을 잘라 내야 했고, 십자 인대 재건 수술도 받아야 했다. 당시 나는 내 건강보다 직장 생활에 지장이 없을지, 진급에 악영향을 끼칠지를 더 걱정했다. 집을 장만하기는커녕 모아 둔 돈도 하나 없는데다 사기까지 당해서 수천만 원의 빚을 지고 있었다. 이런 위기들은 직장만 있으면 모든 것이 해결될 줄로 착각하고 살았던 나에게 깨달음을 주었다. 당연한 줄만 알았던 행복은 사실 제대로 지키지 않으면 한순간에 무너질 수도 있는 것이었다.

수술을 두 번이나 했던 그때부터 건강과 돈, 시간에 대해 공부하기 시작했다. 그리고 행복한 부자가 되기로 마음을 먹었다. 지혜와 용기를 구하는 기도를 하며 미래를 위해 5년 동안 집중해 보기로 마음먹은 후, 5년도 되지 않아 나는 편안한 마음으로 군에서 은퇴할 수 있었다. 수술했던 내 다리는 튼튼해져서 사회에 나가자마자 농구 대회에 출전할 수 있었고, 그 후 지금까지 매일 운동을 즐기고 있다. 아내는 딸, 아들, 딸의 세 자녀를 낳았다. 경제적 자유를 얻어 아이들이 좋아하는 수영장이 있는 전원주택을 장만하고, 뒷마당에는 리트리버, 작은 연못에는 잉어를 키우며 감사와 행복이 넘치는 삶을 살고 있다. 부모님께도 매달 생활비를 드리는 든든한 자녀의 역할도 할 수 있게 되었다. 은퇴 후 8년간 출근 없이 누려 온 시간적 자유는 다른 사람들이 경험해 보지 못한 소중한 추억을 나에게 선물해 주었다. 이 모든 일은 우리 가정에 닥쳤던 결핍과 위기의 현실을 회피하지 않고 정면으로 맞서려는 생각과 적극적으로 배우고 도전했던 행동이 있었기에 가능했다.

내가 체득한 행복의 비결을 이 책에 간결하게 담았다. 이 책을 통해 많은 사람들이 행복한 부자가 되길 바란다. 사람의 감정은 물감처럼 주변으로 퍼지는 성질이 있다. 당신이 행복하면 당신의 주변에도 행복을 물들이게 될 것이다. 해피리치 프로젝트에 동참한 당신에게 행운과 축복이 가득하길 소망하며!

2023년
에릭 리

"당신의 인생을 조종할 파일럿은 바로 당신이다."

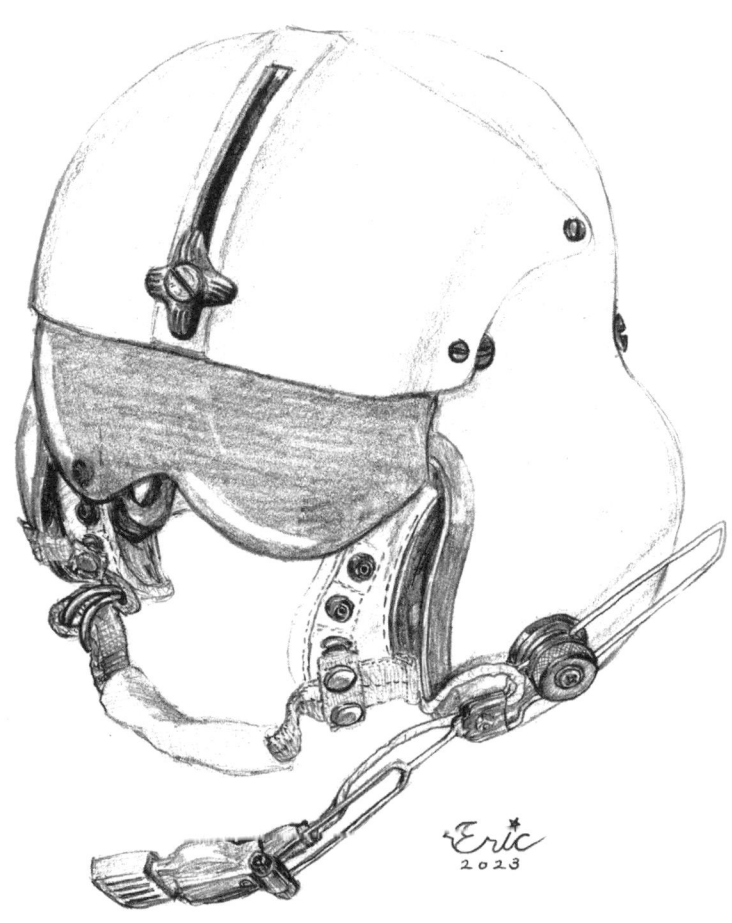

01
행복을 지키는 세 가지 요소

고대 철학자 아리스토텔레스는 인생의 목표는 행복에 있다고 말했다. 과거부터 현재에 이르기까지 모든 사람은 스스로 행복하길 바라며 살았고, 살아가고 있다. 그리고 사람마다 행복을 추구하는 방법도 가지각색이다. 물질적인 행복, 정신적인 행복, 인간관계나 자아실현을 통한 행복 등 다양한 방법이 존재한다. 행복의 크기도 개인차가 있어서, 누가 더 행복한지에 대한 답을 내기도 어렵다.

확실한 것은 행복을 지키기 위해서는 세 가지 요소를 잃어버리지 않도록 꼭 지켜야 한다는 것이다. 이미 이 세 가지를 모두 가지고 있다면, 더 큰 행복을 추구하는 것은 각자의 선택이다. 하지만 이 세 가지 중 하나를 잃어버리게 된다면 나머지 두 가지 요소의 크기와 상관없이 행복은 바로 무너져 버린다.

행복을 지키는 세 가지 요소는 바로 건강, 돈, 시간이다. 사람들은 이 세 가지 요소의 중요성을 알고 있지만, 얼마나 소중한지는 잊고 살아가고 있다. 마치 우리의 생명을 유지시켜 주는 산소의 중요성을 모르는 사람은 없지만, 산소가 없는 물속이나 우주에 가기 전까지는 평소 그 소중함을 잊고 살아가는 것처럼 말이다.

당신이 죽을 수도 있는 큰 병을 선고받고 병원에 입원해야 할 일이 발생했다고 가정해 보자. 집을 사기 위해, 자녀를 교육시키기 위해, 노후를 준비하기 위해서 지금까지 모아 둔 소중한 돈이지만 건강을 회복하는 데에 사용하게 될 것이다. 가정을 위해, 직장을 위해, 버킷리스트를 이루기 위해 사용하려고 했던 소중한 시간도 건강 회복을 위해서만 온전히 사용해야 할 것이다. 하지만 우리는 이런 일이 나에게 생기지 않을 것이라는 막연한 기대 속에 살아가고 있다. 그래서 운이 좋지 않게 건강을 잃어 본 사람들이 병적으로 건강을 열심히 챙기는 걸 구경할 뿐이다.

돈도 마찬가지다. 당신이 지금 가진 재산과 직장을 모두 잃고, 약 10억 원의 빚을 지게 되었다면 당신의 건강과 시간은 돈을 버는 데 모두 사용하게 될 것이다. 엄청난 가난을 경험해 본 사람들이 병적으로 돈을 아끼는 모습은 어떻게 보면 당연한 것이다.

시간은 어떨까? 시간이 없다는 것은 두 가지로 생각해 볼 수 있는데, 첫째는 이 세상에서 살아갈 시간이 없는 상태이고, 둘째는 자신이 자유롭게 사용할 수 있는 시간이 부족한 상태를 말한다. 시간이 없으면 돈도 건강도 의미가 없다는 것은 당연한 사실이지만, 시간 낭비를 막기 위해 삶을 계획적으로 사는 사람은 생각보다 많지 않다.

"마치 세 다리 의자가 한 다리를 잃으면 넘어지듯,
건강, 돈, 시간 중 하나만 잃어도 행복은 무너진다."

이와 같이 건강, 돈, 시간 세 가지 요소 중 하나를 잃어버리기 전에는 세 가지 요소 모두를 지키는 것의 중요성을 깨달은 사람은 생각보다 별로 없다. 또한 이 세 가지 요소를 평생 지키기 위한 계획

을 가지고 살아가는 사람은 더 적다.

군 헬기 조종사로 근무하고 있을 때, 꽤 안정적인 생활을 하고 있다고 생각했다. 매달 고정적인 월급에 은퇴 후 받을 연금, 가정생활이 가능한 관사의 혜택까지 제공받고 있었기 때문에 20대 중반치고는 꽤 안정적인 삶을 누릴 수 있었다. 하지만 피아노를 전공한 아내가 경제적 보탬을 위해 맞벌이를 했다. 내가 받는 월급은 우리 가족이 생존할 만큼의 수준은 됐지만, 풍족한 미래를 준비할 수 있는 수준은 되지 않았기 때문이다. 최선을 다해 직장 생활을 하며 소령까지 최단기간에 진급을 했지만, 그만큼 일찍 출근하고 늦게 퇴근하니, 가족과 함께할 시간은 없었다. 군 생활 중 앞니가 부러지기도 하고, 무릎을 크게 다치기도 했으며, 몸이 약해져 각종 질병에 시달리는 날이 많아졌다. 자녀 셋을 낳고 키우다 보니 경제적으로 풍족하지 않았고, 아이들이 클수록 점점 걱정이 됐다.

그러면서 직장 생활이라는 플랜A는 내 인생의 행복을 확실하게 지켜 줄 수 있는 플랜이 아니라는 것을 깨닫게 되었다. 그래서 플랜B를 찾아야겠다는 생각이 생겼다. 나는 평생 군 생활 이외에 다른 일을 해 본 적이 전혀 없었기 때문에 앞으로 무엇을 해야 할지 생각하니 막연하고 두려웠다. 하지만 새로운 일에 대한 두려움보다는 현재 상태에 머물러 있는 것이 더 두려웠다. 그래서 퇴근 후와 휴가 시간을 모두 플랜B를 계획하고 알아보는 데 사용했다. 그리고 4년 후 나는 건강, 돈, 시간 모두를 가지고 직장에서 은퇴할 수 있었다.

이 책에는 플랜B를 찾을 당시, 그리고 그 후에 스스로 공부하고 적용했던 내용을 정리했다. 이 책이 당신이 행복한 삶을 평생 누리고, 정말 소중하게 생각하는 일을 해내는 데 큰 도움이 되길 바란다.

"파산, 비만, 나태, 어리석음을 계획하는 사람은 아무도 없다. 하지만 계획이 없는 사람에게는 그런 일들이 일어난다."

－래리 윈겟

02
건강 수명과 퇴행성 질환

현대 의학의 발달은 현대인의 수명을 극적으로 향상시켰다. 1930년 한국인의 평균 수명은 33.8세에 불과했지만 2020년 한국인의 기대 수명은 83.5세가 되었다. 90년 만에 평균 50년을 더 살게 된 셈이다. 환갑잔치는 유명무실해졌고, 100세 노인이 별로 놀랍지 않은 세상에 살고 있다. 앞으로는 어떻게 될까? 2015년 타임지에서는 "지금 태어난 아이, 142세까지 살 수 있다!"라는 헤드라인 기사를 발표했다. 인간의 수명이 실제로 얼마나 늘어날지는 알 수 없으나, 현재 100세 이상 사는 것이 당연해질 것이라는 정도는 쉽게 예측해 볼 수 있다.

그러나 현대 의학의 발달로 연장된 우리들의 수명이 건강과 상관없을 수 있다는 점이 문제다. 한국인들은 평균적으로 18년이라는 긴 기간 동안 질병에 시달리다가 사망에 이른다. 65세부터 죽을 때까지 질병 때문에 병원 신세를 면치 못하고 생명을 연장시키다가 결국 그 질병이 사망 원인이 되어 버리는 것이다. 이와 같이 한국인들의 노후를 고통스럽게 하는 주요 원인에는 어떤 것들이 있을까?

통계청에 따르면 2021년 한국인의 사망 원인 1위는 '암'이었으며, 심장 질환, 폐렴이 2, 3위를 차지했다. 우리의 관심은 코로나와 같은 자극적인 사망 원인에 쏠려 있지만, 정작 코로나는 10대 사망 원인 순위에 들어가지도 못했다.

〈대한민국 사망 원인(2021, 통계청)〉

1위		악성신생물 (암)	8만 2,688명
2위		심장질환	3만 1,569명
3위		폐렴	2만 2,812명
4위		뇌혈관	2만 2,607명
5위		고의적 자해 (자살)	1만 3,352명
6위		당뇨병	8,961명
7위		알츠하이머병	7,993명
8위		간질환	7,129명
9위		패혈증	6,429명
10위		고혈압성 질환	6,223명

※적색 = 퇴행성 질환

우리나라 국민의 80% 이상이 만성적인 '퇴행성 질환'에 의해 사망했다는 사실에 주목할 필요가 있다. 여기서 '퇴행성 질환'이란 지속적인 세포 퇴행의 결과로 인체의 조직이나 기관에 발생하는 질환으로서 암, 당뇨, 고혈압, 치매 등 다양한 질병이 이에 포함된다. 우리 몸은 60~100조 개의 세포로 이루어져 있는데, 좋지 않은 식습관이나 운동 습관, 그리고 독성 물질에 의해 산화 스트레스에 노출되면 세포막부터 세포핵까지 산화되면서 퇴행을 겪는다.

결국 한국인의 90%가 습관병에 의해서 십수 년간 병원에 의존하며 살다가 질환의 악화로 목숨을 잃고 있다는 뜻이다. 그러면서 사람들은 '병원에 가면 의사 선생님이 해결해 줄 거야.', '의료 보험에 들었으니 괜찮아.', '건강은 유전이나 운에 달린 거야.'라고 이야기하며 자신의 건강을 잘 돌보지 않는다. 이것은 마치 자기 집의 화재 안전 조치를 게을리하면서 '불나면 소방차가 와서 꺼 줄 거야.', '화재 보험에 들어 있으니 괜찮아.', '불날 집은 불나게 되어 있어.'라고 생각하며 사는 것과 같다. 더욱 심각한 점은 집에 불이 나는 것은 끄고 다시 지으면 된다지만, 우리 몸은 하나밖에 없다는 점이다.

물론 불을 끄는 소방관도, 질병을 치료하는 의사도 없어서는 안 될 소중한 존재들이다. 하지만 불이 나지 않도록 예방하는 것이 선행되어야 하는 것처럼 질병이 발생하지 않도록 건강을 돌보는 것이 먼저다. 암에 걸린 환자가 수술 등의 병원 치료를 받고 난 후 좋은 환경에서 적절한 운동과 건강한 음식으로 잘 관리하면 5년 후 완치를 받을 확률이 높아진다. 결국 건강한 라이프 스타일이 암을 완치하는 데 큰 역할을 하게 되는 것이다. 그런데 잘 생각해 보면 암에 걸린 후 5년간 관리해서 건강해질 수 있다면, 왜 사람들은 암에 걸리기 전부터 그렇게 관리할 생각은 하지 않을까?

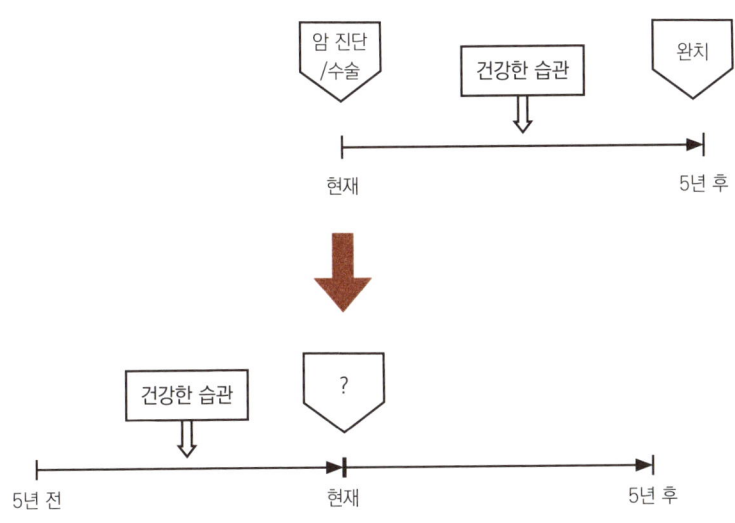

"건강은 운이 아닌 습관에 달려있다."

세균이나 바이러스에 의한 감염성 질환도 건강한 라이프 스타일과 관련이 없지 않다. 코로나19가 처음 알려지면서 치명성에 대한 공포로 인해 사람들은 빠른 백신 개발을 요구했지만, 정작 백신이 개발된 후에는 부작용이 두려워 백신을 접종하는 것이 눈치 게임처럼 되어 버린 것이 사실이다. 사람들이 코로나가 사실 옛날부터 존재했던 감기나 독감 바이러스의 변종에 불과하다는 사실을 알고, 바이러스의 특성에 대한 지식이 충분했다면 백신이나 치료 약에 의존하지 않았을 것이다. 최첨단 기계보다 훨씬 더 정교한 우리의 인체가 얼마나 체계적으로 바이러스에 대응하고 있는지에 대해 알게 된다면, 수많은 부작용을 동반하는 약보다는 우리가 태생적으로 가지고 있는 훌륭한 면역체계를 중시하게 될 것이다.

"여러분의 차를 운전해 줄 사람을 고용하고, 돈을 벌어 줄 사람을 고용할 수는 있지만, 여러분 대신 아파 줄 사람을 구할 수는 없다."

－스티브 잡스

03
건강을 지키는 세 가지 습관

　세포는 우리 몸을 구성하는 생명의 최소 단위다. 우리 몸은 수정란이라는 1개의 세포로 시작되어 세포의 분열을 통해 60조 개에서 100조 개의 세포를 가진 성인으로 성장한다. 피부 세포, 뼈세포, 혈액 세포, 신경 세포, 면역 세포 등 다양한 세포들이 모여 피부, 뼈, 인대, 혈관과 같은 조직과 뇌, 간, 심장, 폐 등과 같은 장기를 이루고, 이런 조직과 장기들이 모여 신체를 이룬다. 우리가 '면역력'이라 부르는 그 힘은 따로 있는 것이 아니라, 호중구, 호산구, 대식 세포, NK 세포 등의 백혈구를 비롯한 B 세포, T 세포 등 다양한 면역 세포들과 외부 병원체의 침입을 방어하는 피부 세포, 그리고 몸속 독성 물질을 해독시키는 간과 신장 등의 기관을 구성하는 각종 세포들의 건강 상태에 의해 좌우되는 것이다. 결국 신체의 건강은 세포의 건강에서 비롯되는 셈이다. 그렇다면 우리의 소중한 세포를 건강하게 관리하는 방법에는 무엇이 있을까?

"NK 세포는 매일 약 1천 개의 암세포를 찾아서 제거한다."

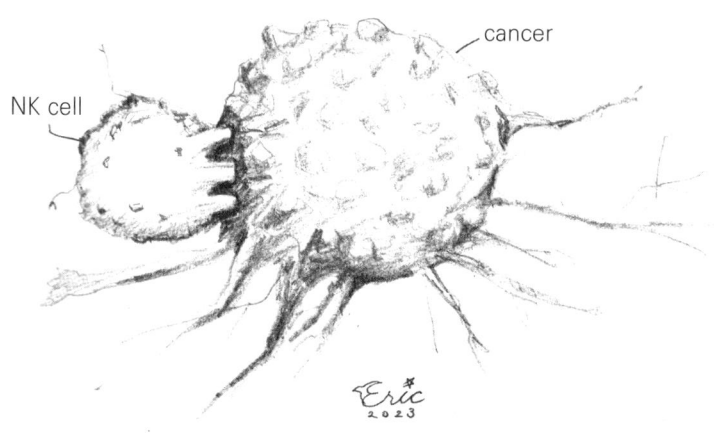

첫 번째로 세포를 건강하게 하기 위해서는 운동이 필요하다. 운동을 하면 세포에 자극이 전달되는데, 자극을 받은 세포는 필요한 기능을 알아서 발달시킨다. 예를 들어, 우리가 운동으로 근육에 자극을 주면 근육이 발달되고, 학습으로 뇌에 자극을 주면 뇌 신경이 발달하며, 뼈에 자극을 주면 골밀도가 높아지고, 성장점에 자극을 주면 키가 자란다. 따라서 운동은 신체를 발달시키라고 세포에 명령을 내리는 역할을 하는 것이다.

세포를 건강하게 만드는 두 번째 습관은 영양이다. 근육이 발달하는 것은 근육 세포의 증가로 이루어지고, 뇌 신경의 발달은 신경 세포의 증가로 이루어진다. 결국 인체의 발달은 세포 분열을 통해 이루어지는데 이때, 새로운 세포를 만들기 위해서 재료가 필요하다. 그러기 위해 사용되는 재료가 바로 탄수화물, 지방, 단백질의 대량 영양소와 각종 비타민과 미네랄 등의 미량 영양소이다. 이러한 영양소는 세포의 분열뿐만 아니라, 세포가 사용할 에너지를 생성하고, 세포를 보호하고 재생시키는 등 다양한 활동을 할 때 사용된다.

 마지막 습관은 바로 수면이다. 세포의 분열, 재생이 가장 활발히 일어나는 시기는 바로 우리가 잠을 잘 때다. 피부 관리를 할 때, 낮에는 선크림 등을 발라 피부 보호에 집중하고 밤에는 기능성이 있는 제품으로 회복에 집중하는 것도 이러한 이유에서 비롯된다. 방학 때 몇 달간 잠을 푹 자고 일어난 아이들이 갑자기 키가 쑥 크는 것도 마찬가지다. 건축에 비유한다면 운동은 건설 자재가 필요하다고 요청하는 것이다. 영양은 건물을 만드는 데 사용되는 재료이며, 수면은 집중적으로 건축을 하는 시간이라고 볼 수 있다.

 키가 더 이상 자라지 않는 성인이라 할지라도 세포 분열은 계속 일어난다. 장 내벽은 1주, 백혈구는 2주, 피부는 4주, 적혈구는 4개월, 간은 5개월, 손톱은 6개월, 신경 세포는 7년, 뼈는 2년에서 10년, 심장은 20년 만에 재생되어 완전히 새로운 세포로 업데이트된다. 따라서 운동, 영양, 수면은 평생 건강한 신체를 유지하기 위해 필수적인 습관이다.

"건강한 신체는 건강한 세포에서 시작되고,
건강한 세포는 운동, 영양, 수면 습관에 달려있다."

문제는 현대인들의 대다수가 좋지 않은 생활 습관을 가지고 있다는 점이다. 운동을 매일 하지 않는 경우도 많지만, 너무 강도가 낮은 운동만 하여 자극을 거의 주지 못하거나, 강도가 너무 높은 운동을 지속하여 몸을 혹사시키는 경우도 많다. 자세도 매우 중요한데, 자세는 자신도 모르게 하루 종일 하고 있는 운동이기 때문이다. 사람에 따라 다를 수 있지만, 일반적으로 좋은 운동 습관이란 평소에 좋은 자세를 유지하고, 매일 약 30분의 중강도 및 고강도 운동을 해주는 것이다. 중요한 것은 몸에 너무 큰 무리를 주지 않는 범위에서 충분한 자극으로 근육의 발달을 돕는 운동을 해야 한다는 것이다. 예를 들어, 심장을 강화하고 싶다면 심장이 강하게 뛰는 것을 느낄 수 있을 정도의 운동이 필요한데, 일상적인 걷기 운동보다 달리기나 계단 오르기가 심장 근육에 자극을 주기에 더 적합할 것이다.

  수면도 최대로 어두운 상태에서 하루에 7시간에서 8시간을 푹 자는 것이 좋다. 불을 켜고 자는 습관은 깊은 수면에도 방해가 될 뿐만 아니라, 눈의 활동을 쉴 수 없게 되어 성장기 어린이들의 안구를 비대하게 만들 수도 있다. 많은 사람들이 일어날 시간에 알람을 맞춰 놓고 잠을 자는데, 이는 건강한 수면에 방해가 될 수 있다. 수면은 취면기, 경수면기, 심수면기, REM수면기 등의 주기를 가지는데, 이러한 수면 주기는 한 사이클에 1.5~2시간이 걸리며 1회 수면에 약 4회를 반복한다. 우리 몸이 충분히 회복되고 수면 주기가 마무리될 때쯤 우리 몸은 자동으로 잘 일어날 수 있도록 빛과 주변 소리에 민감한 상태가 된다. 이렇게 수면 주기에 의해 자연적으로 일어나면 매우 상쾌한 컨디션을 유지할 수 있는데, 수면 시간이 부족하거나 알람에 의해 깨어나면 수면 주기가 완료되기 전에 일어나게 되는 경우가 발생하여 회복과 성장에 방해가 되고, 좋지 않은 컨디션에서 생활을 하게 된다. 따라서 좋은 수면 습관을 위해 알람은 잠자리에 들 시간에 맞춰 놓는 것이 좋다. 같은 시간에 잠자리에 드는 습관은 호르몬의 분비 시간을 균일하게 만들어 주기 때문에 잠이 잘 오는 데에도 도움이 된다.

"병을 낫게 하는 것은 자연이다."

-히포크라테스

04
풍요 속의 빈곤

　앞에서 말한 운동과 수면에 비해 더욱 중요한데도 불구하고 생각보다 많은 사람들이 놓치고 있는 건강 습관은 바로 영양 습관이다. "You are what you eat."이라는 말처럼 당신이 먹은 음식은 당신의 신체 그 자체이다. 1년 365일 매일 식사를 잘하는 사람과 1년 365일 식사를 대충하는 사람 중 어떤 사람이 더 건강할까? 10년이 지나고 20년이 지나면 둘 중 건강한 사람은 당연히 식사를 잘하는 사람이 될 확률이 높을 것이다. 그렇다면 여기서 식사를 잘한다는 것은 어떤 식사를 의미하는가? 전문가들이 이야기하는 건강한 식사에 대해 들어 본 적이 있을 것이다. 다양한 색깔의 채소와 과일 위주의 식단에다가 좋은 단백질, 좋은 지방 등 영양이 골고루 들어 있는 식사. 무농약에 유기농으로 재배했으며, 저장 기간이 짧고 조리 과정도 최소인 식사. 그런 식사를 매끼 실천하고 있는가?

　현대인들이 위와 같은 식습관을 유지하는 것은 사실상 불가능에 가깝다. 좋은 식재료로 매끼 건강한 식사를 준비하는 것은 가격도 비싸고 시간도 오래 걸리기 때문이다. 그래서 현대인들은 패스트푸

드를 먹는다. 그러다 보니 현대인들은 천천히 영양실조에 걸리고 병들어 가고 있다. 칼로리가 넘쳐서 과체중이 넘쳐 나는데 영양실조라니! 이러한 현상을 '풍요 속의 빈곤'이라 한다. 질병관리청에서 국민의 영양 상태를 조사한 결과 비타민A는 40%, 비타민C는 30%, 칼슘은 36%, 엽산은 27%가 부족한 것으로 나타났다. 이렇게 영양이 부족한 식습관은 세포를 공격하는 산화 스트레스에 취약하고 염증이 쉽게 증가하는 상태를 만들고, 고혈압, 당뇨, 비만 등의 대사 증후군과 퇴행성 질환에 쉽게 걸리게 만든다. 좋은 영양소가 만병통치약이라고 하는 말은 성립되기 어렵더라도, 나쁜 영양 상태가 만병의 근원이라는 말은 정확히 성립된다.

나름 좋은 식습관을 지킨다고 해도 영양은 턱없이 부족하다. 그 이유는 우리의 식재료인 식물 속에 영양이 부족하기 때문이다. 1950년대 이후 비료가 널리 보급이 되며 농작물을 대량 생산하게 되었다. 먹거리가 풍족해진 것은 매우 환영할 만한 일이었으나 부작용이 있었다. 비료의 주성분인 NPK는 질소, 인, 칼륨을 의미하는데, 식물은 이 3가지 영양소와 물만 있으면 잘 자란다. 하지만 상대적으로 다른 영양소가 부족한 상태로 자라게 되었다. 미국영양학저널(JANA)에서는 1950년대에 비해 1999년의 식재료에서 단백질, 비타민, 비네랄 등의 함량이 평균 15~38%가 감소했다고 발표했다. '생명(Vita)을 유지하는 물질(Min)'이라는 뜻을 가진 비타민(Vitamin) 중 다수는 우리 몸에서 만들 수 없기 때문에 음식으로 섭취하지 않으면 부족할 수밖에 없다. NPK 비료는 식물의 건강에는 도움이 되지만 인류의 건강에는 해가 되는 셈이다.

하버드 보건대학원에서는 현대인들의 건강을 지키기 위해 흰쌀, 빵, 국수, 음료, 과자, 붉은 육류 등을 피하고 채소와 과일, 견과류, 생선 등을 주식으로 하는 것을 권장하고 있다. 그러면서도 대다수의 현대인들에게 매일 종합 영양제 섭취를 권장하고 있다. 좋은 식단을 유지하더라도 현대인들의 식탁에는 비타민과 미네랄 등 건강을 유지하는 데 필수적인 영양소가 턱없이 부족하기 때문이다.

"쌀과 밀가루를 멀리하고, 건강한 식단,
운동과 더불어 종합영양제가 필요하다"

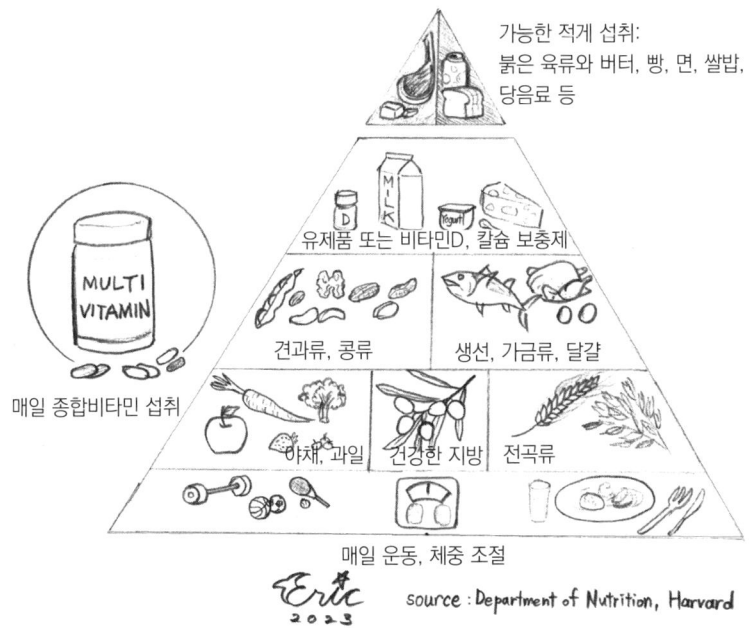

미국에서 부유층과 빈곤층의 건강 상태와 습관을 조사한 결과 비만, 음주, 흡연율은 빈곤층에서 높았으며, 운동 시간과 영양제 섭취율은 부유층에서 훨씬 높았다. 20세기 그림 속에 표현된 부자들은 대부분 살이 쪘었지만, 21세기 사진 속의 부자들은 대체로 날씬한 것을 보면 쉽게 알 수 있다. 영양제는 사실 부유층만을 위한 것이 아니라, 식습관이 좋지 않은 현대인 모두의 건강을 위해 발명된 것이다. 영양제는 병이 걸렸을 때 섭취하는 약이 아니라 우리의 식탁에 부족한 영양을 채워 주는 최고의 반찬이라 말할 수 있다.

건강한 세포를 유지하기 위해서 영양을 공급하는 것만큼 중요한 것이 세포를 망가뜨리는 독성을 피하는 것이다. 한때 담배가 건강에 해롭다는 사실을 모르고, 의사가 고른 담배라고 TV에 열심히 광고하던 회사가 '캐멀'이다. "옛날 사람들이 저랬구나."라고 생각할 수 있지만 지금 우리도 별반 다르지 않다. 1994년부터 2011년 사이 2만 명 이상의 사망자를 발생시킨 가습기 살균제 사건은 박테리아의 세포막을 파괴할 목적이었던 살균제가 인체 세포의 세포막까지 파괴하면서 발생한 사건이다. 이 일을 통해 사람들은 살균제는 무서워하게 되었지만 거의 비슷한 특성을 가진 항생제와 방부제에 대해서는 아직도 무감각하다. 실제로 유아 바디용품에 가습기 살균제와 동일 성분과 유사 성분들이 방부제로 사용되고 있다는 사실에 대해서도 단기간에 사망한 사람이 없다는 이유로 별 관심이 없다. 하지만 이러한 독성 물질들은 멀미약이나 니코틴 패치처럼 피부로 흡수되어 혈관을 타고 돌아다니며 세포를 공격하고 있다.

불소 코팅된 프라이팬을 가열하면 불소 가스가 발생하여 이것을 마신 사람들의 뇌세포를 공격한다는 사실과 살충제에 사용되는 퍼메트린 등의 화학 물질이 폐와 피부로 흡수되어 암까지 일으킨다는 사실에도 관심이 없기는 마찬가지다. 당신이 불소 프라이팬과 살충제를 쓰지 않는다고 안심할 수는 없다. 우리가 먹는 음식 중에 농약을 뿌리지 않고 재배한 식물과 항생제를 먹이지 않고 키운 동물은 거의 존재하지 않는다. 최근에는 유전자를 조작한 GMO 곡물들과 미세 플라스틱이 세포 속에 박혀 있는 물고기들이 우리의 식탁을 점령하고 있다는 사실도 향후 큰 문제로 대두될 수밖에 없다.

지금까지 이야기한 독성 물질보다 더 주의해야 할 것은 바로 약의 남용이다. 한국 의약품 등 이상 사례 보고 현황에 따르면 매년 25만 건에 달하는 부작용 사례가 있었다. 실제 이상이 발생한 사례는 보고된 사례보다 훨씬 숫자가 많을 것으로 예상된다. 당신이 처방받은 약의 이름을 인터넷에 검색해 보면 끝없이 나열되는 부작용 목록만 확인해 봐도 의약품의 섭취를 당장 줄이고 싶을 것이다. 상대적으로 부작용이 적어서 처방이 필요없는 영양제의 경우에도 잘못 선택하면 오히려 건강을 해칠 수 있다. 미국의 소비자 단체 컨슈머랩에 의하면 영양제도 제조사나 브랜드에 따라 품질에 큰 차이를 보이는데, 발암 물질이나 중금속 등이 들어 있거나 유통 중 상해 버리는 경우를 비롯하여, 라벨에 써 있는 것에 비해 병 속에 실제로 들어 있는 성분이 현저히 부족한 경우 등이 빈번히 발생하고 있기에 안전하고 믿을 수 있는 영양제를 선택하는 것도 매우 중요하다.

"미래의 의사는 환자에게 약을 주기보다 인체 구조와 식습관, 그리고 질병의 원인과 예방에 대해 가르칠 것이다."

―토머스 A. 에디슨

05
아는 것이 돈이다

행복을 지키는 두 번째 요소는 바로 돈이다. 돈이 아무리 많아도 행복을 살 수는 없다고 한다. 미국 경제학자 리처드 이스털린(Richard A. Eaterlin)의 연구에 의하면, GDP와 행복은 어느 정도 비례하다가 일정 수준에 이르면 GDP가 높아져도 행복 지수는 높아지지 않는 것으로 밝혀졌다. 따라서 아무리 많은 돈을 벌어도 행복이 크게 증가하지는 않는다.

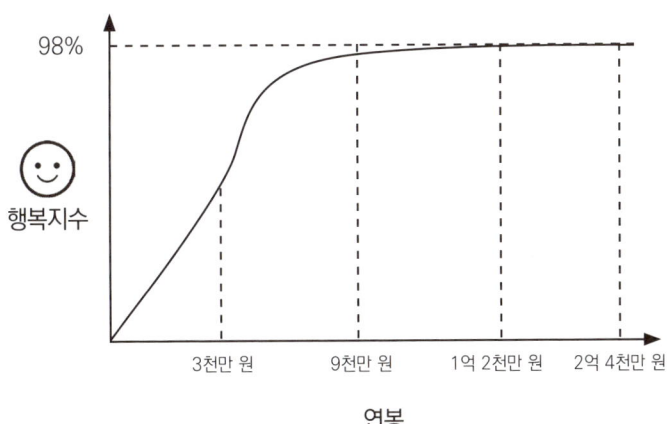

하지만 이 연구에 따르면 반대로 돈이 없으면 행복이 감소한다는 것 또한 증명된 셈이다. 당장 생활비가 부족하고, 대출과 카드 빚이 쌓여 있다면 누구나 스트레스를 받을 수밖에 없다.

세계 12위의 GDP를 자랑하는 한국의 자살률이 OECD 국가 중 1위라는 사실은 너무나 유명하다. 그러나 자살한 한국인의 약 70%가 65세 이상 어르신들이라는 사실은 상대적으로 잘 알려지지 않았다. 여기서 주목해야 할 사실은 경제 대국 한국의 노인 빈곤율 또한 OECD 국가 중 1위라는 것이다. 자살한 노인 중 약 80%가 남성이라는 점도 주목할 만한데, 가정 경제를 책임졌던 전통적인 한국 가장의 무게감이 느껴지는 부분이기도 하다.

한국의 노인 빈곤율이 높은 이유는 무엇일까? 바로 소득 계획이 없기 때문이다. 정확히 말하면 노후 소득 계획이 없기 때문이다. 많은 사람들이 직장 생활 하나로 소득 계획을 끝내려고 하다 보니 노후에 큰 위기를 맞는다. 한국 직장인들의 평균 공식 은퇴 연령은 62세지만 현실과는 큰 차이가 있다. 55~64세 직장인의 평균 실제 퇴직 연령은 49.3세에 불과하기 때문이다. 노후 준비를 하지 못한 채, 49세에 퇴직하여 기대 수명인 83세까지 34년을 살아가기 위해 선택하는 길은 보통 계약직 또는 자영업 둘 중 하나이다. 하지만 둘 중 어떤 선택도 충분한 소득이나 편안한 노후와는 거리가 멀다.

연금과 보험에 대해서도 다시 생각해 볼 필요가 있다. 60대 이상 고령층에게 연금과 보험이 준 혜택은 절대적이었다. 자녀가 부모를

봉양하던 시대가 끝나면서 자녀 대신 노후 생활비와 병원비를 해결해 주는 정말 고마운 혜택이다. 하지만 세상에 공짜는 없다. 돈을 쓰는 사람이 있다면 낼 사람이 필요한 것이다. 연금 보험과 건강 보험을 납부하는 층은 젊은 층이고 사용하는 층은 노년층이다. 저출산 세계 1위인 한국은 보험 부담을 더 이상 젊은 층에게 그대로 지울 수 없는 한계에 도달했다. 보험 부담금을 늘리지 못하면 결국 보험 혜택이 줄 수밖에 없다. 미래 연금의 기능은 현재에 비해 매우 미미해질 것이다.

이뿐인가? 빠른 물가 상승도 미래를 위협하기는 마찬가지다. '물가 상승'이 '화폐 가치 하락'과 동의어라는 사실을 아는가? 김치가 금치가 됐다고, 김치의 질이 변한 것은 없다. 1993년에는 금 1온스(28.35g)를 사려면 391.2달러가 필요했지만, 지금은 같은 양을 사는데 1,800달러 이상이 필요하다. 30년 만에 달러의 가치가 4분의 1 수준으로 하락해 버린 것이다. 앞으로 10년 뒤, 20년 뒤에도 당신의 자산 가치는 반토막 날 것이다. 시간을 당신의 편으로 만들기 위해서는 화폐 가치에 민감해야 한다.

당신의 직장은 노후까지 보장해 주는가? 당신이 모아 놓은 노후 자금은 물가 상승을 이겨 낼 수 있는가? 당신이 젊다면 더 문제다. 앞으로는 로봇과 AI 등 기술의 발달로 직장도 줄어들 것이고, 초고령화와 저출산 등의 사회 문제로 연금 제도도 한계에 봉착할 것이기 때문이다. 화폐 가치의 하락만큼 월급이 상승하지 않는다면, 시간이 지날수록 점점 가난해지는 것은 예견된 미래일 것이다.

하지만 너무 걱정할 필요는 없다. 역사적으로 지금만큼 부자가 될 수 있는 기회가 많았던 적도 없었기 때문이다. 국제 투자 은행 크레딧스위스는 코로나19를 겪었던 2020년에도 순자산 백만 달러 이상을 가진 부자가 전 세계에서 520만 명이 증가했으며, 향후 5년 내에 백만장자가 40% 이상 증가할 것으로 예측하였다. KB금융그룹에 의하면 2021년 한국에서 부동산을 제외한 금융 자산 10억 이상의 3040세대 신흥 부자가 7만 8천 명이 탄생했으며 그중 80%는 상속에 아닌 자수성가로 부자가 되었다. 이러한 추세는 점점 가속화될 전망이며, 꼭 부자가 아니더라도 경제적으로 여유로운 수준의 '경제적 자유인'도 빠른 속도로 증가할 것으로 예측된다.

'경제적 자유인'이란 원하는 시간에 원하는 장소에서 원하는 일을 하더라도 경제적인 제한을 받지 않는 사람을 뜻한다. 이 시대의 새로운 경제적 자유인들은 시장 경제의 원리와 돈의 흐름을 이해하고 그대로 실천한 사람들이다. 그것은 바로 재정적 지능(FQ; Financial IQ)에 의해 좌우된다. 내가 재정적 지능을 측정하는 방법은 간단하다. 지금 하는 일을 그만두었을 때, 매년 얼마의 돈을 벌 수 있는가? 그 숫자가 바로 FQ다. FQ는 IQ와 달라서 마이너스인 경우도 많다. 매달 카드 빚과 대출 이자에서 자유로운 사람이 많지 않기 때문이다. 열심히 산다고 해서 모두 돈을 많이 벌 수 있었다면, 막노동을 하는 사람들이 가장 부자로 살고 있을 것이다. 하지만 현실에서 경제적 자유를 이룬 사람들은 일정 수준 이상의 FQ를 달성하기 위해 노력한 사람들이다.

"FQ가 IQ보다 중요해지고 있다."

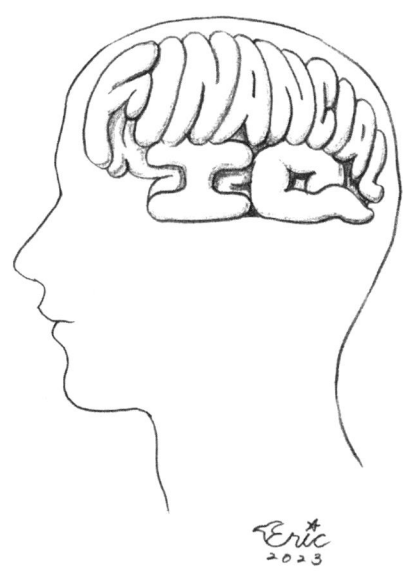

당신이 미래 재정 계획이 직장, 노동, 연금에 국한되어 있다면 이제 다른 방법을 찾을 때다. 이제 FQ를 높이고 시간을 내 편으로 만들 때가 왔다.

"전통적인 교육을 받은 사람들은 경제 교육을 받은 사람들을 위해 일한다."
-워렌 버핏

06
세 가지 소득원

FQ를 높이기 위해서는 기본적으로 소득원의 종류에 대한 이해가 필요하다. 사람들의 소득원을 크게 분류해 보면 직장, 사업, 투자 세 가지로 나누어 볼 수 있다. 이 세 가지 방법 모두 장점과 단점, 그리고 리스크를 가지고 있다. 이 중 한 가지 분야에서 돈을 버는 사람은 다른 소득으로 전환하는 데 큰 부담을 느낀다. 마치 산에 살던 사람이 바닷가로 이사 가려면 막막하고, 시골에 살던 사람이 도시로 이사 가려면 걱정이 앞서는 것과 비슷하다. 하지만 산이든 바다든, 시골이건 도시건 간에 모두 사람 사는 곳이다. 우리는 누구나 더 나은 삶을 위해 고향을 떠나 다른 지역에서 살 수 있는 자유가 있다. 그것은 직장, 사업, 투자에서도 똑같이 적용된다.

첫 번째 소득원인 직장에서는 당신의 가진 능력을 시간 단위로 판매하여 돈을 번다. 꾸준한 소득을 만들 수 있다는 점은 매우 훌륭하지만, 그 크기가 미래를 준비하기에 충분치 않다는 한계를 가진다. 돈을 더 벌기 위해서는 당신의 능력을 높이거나 더 많은 시간을 쏟아야 한다. 하지만 능력을 키우고 일하는 시간을 늘려 봐도 생각보다 소득은 크게 늘어나지 않는다. 게다가 직장의 장점인 꾸준한 소득은 당신을 현실에 안주하게 만들어 퇴직 이후를 생각하지 못하게 한다는 부작용의 가능성도 가지고 있다. 직장 생활이 평생 지속될 것이라는 환상 때문에 미래를 위해 충분히 저축하는 사람들도 소수에 불과하다. 저축은커녕 매달 카드값과 생활비를 감당하는 데 급급하다가 퇴직해야 할 시기를 맞는 경우가 더 많다. 따라서 직장에 계약된 시간에는 최선을 다하는 한편, 그 외의 시간에는 다른 소득을 통해 미래를 준비하는 것이 현명하다.

두 번째 소득원인 사업은 당신의 자본과 시간을 통해 사업체를 만들어 재화나 서비스를 판매하여 돈을 버는 것이다. 매장 임대, 고용, 재고 관리, 주문 및 배송, 광고, 소비자 관리, 세금 신고 등의 다양한 업무를 혼자 해내야 할 수도 있기 때문에 이와 같은 일을 배우는 데에 꽤 많은 시간이 소요된다. 매출에 따라 소득이 결정되기 때문에 직장에서 벌 수 없었던 큰 소득을 벌 수도 있으나 반대로 소득이 전혀 없을 수도 있다는 리스크를 가지고 있다. 한국 직장인들이 퇴직을 하면 가장 많이 시작하는 사업이 치킨집이나 커피숍이다 보니 한국 치킨집 숫자가 전 세계 맥도날드 매장 숫자보다 많다. 하지만 이렇게 급하게 개업한 사업체 중 80%는 3년이면 문을 닫게 되고, 지금까지 모은 자금과 대출금까지 모두 잃게 되는 경우가 대부분이다. 반대로 사업을 잘하는 사람들은 가능한 일찍 사업에 도전하여 몸으로 부딪혀 사업을 배운 사람들이 대부분을 차지한다. 사업에 대해 알면 알수록 리스크를 줄일 수 있으며, 더 효율적인 수익 모델을 만들 수 있다. 사업의 고수가 되면 수익 모델을 자동화시키고 복제시켜서 소득을 기하급수적으로 확대시키는 방법을 알게 된다. 이러한 능력을 갖추기 위해선 시간이 필요하기 때문에 하루라도 빨리 사업에 대해 관심을 가져야 한다.

세 번째 소득원인 투자는 당신의 돈이 다른 사람과 동업하게 만들거나, 당신의 돈보다 가치가 커질 무언가를 구매하는 것이다. 당신이 구매하는 것이 주식, 채권, 비트코인, NFT, 금, 부동산 중 어떤 것이든 상관없이 상품의 가치가 높아지면 돈을 벌고, 가치가 떨어지면 돈을 잃는다. 문제는 수많은 전문가가 미래의 가치 상승에 대해 예측을 시도하지만 성공 확률이 매우 낮다는 점이다. IMF, IT버블, 서브프라임 사태, 코로나19, FTX 파산 등 일련의 사건 중 하나라도 알아맞힌 전문가는 극소수였다. 따라서 평범한 일반인이 단기간에 큰 수익을 올리기 위해 리스크를 안고 투자하는 것은 일종의 도박과 같은 것이다. 도박은 대체로 돈이 많은 쪽이 이기게 되어 있는데, 투자도 이와 비슷한 속성을 가지고 있기 때문에 개미의 도박은 성공률이 낮다.

따라서 부담 없는 자금이 아닌 이상 연간 목표 수익률 6~8%의 장기 투자를 추구하는 것이 안정적이다. 사실 이것도 쉽지 않기 때문에 생각보다 많은 시간과 노력을 기울여야 한다. 그렇게 10년간 지속적인 수익을 올리게 되면 투자금이 약 2배로 커지게 된다. 대단한 결과라고 할 수 있지만, 사실 이 결과는 투자금의 크기에 따라 완전히 달라진다. 당신이 1천만 원을 투자하여 10년간 노력한 결과 2천만 원이 되었다면 추가로 번 1천만 원이 과연 당신의 삶에 큰 영향을 미칠 수 있을까? 아닐 것이다. 그러나 10억 원을 투자하여 10년 뒤 10억 원을 벌었다면 그것은 다른 의미가 된다. 소액 투자를 하기 위해 많은 시간을 할애하는 것은 시간 낭비다. 투자는 다른 소득원에서 유의미한 크기의 금액을 만든 동시에 그 금액을 당장 써야 할 필요가 없어서 여유를 가지고 투자할 수 있을 때만 진정한 힘을 발휘한다. 따라서 투자는 경제적 자유를 지키고 확장시키는 데에는 필수적인 소득원이지만, 이를 위한 충분한 종잣돈을 모으기 전까지는 다른 소득원에 집중하는 것이 낫다.

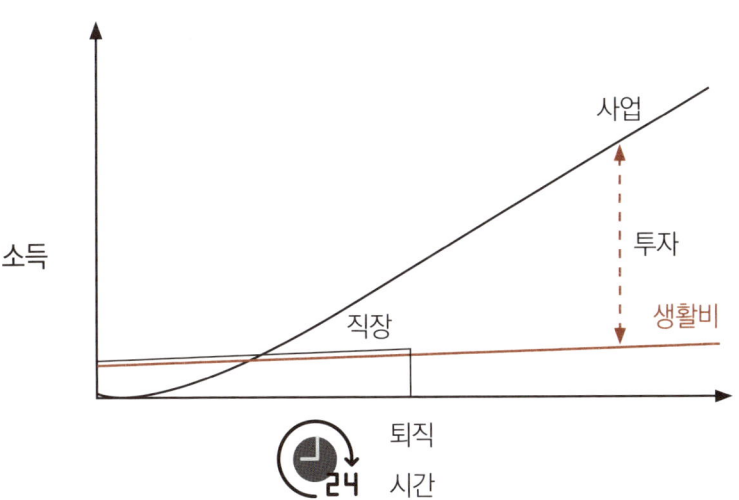

FQ가 낮은 사람은 한 가지 소득원만 평생 고집한다.
FQ가 높은 사람은 여러 가지 소득원에 도전한다.
FQ가 낮은 사람은 일확천금에 관심이 높다.
FQ가 높은 사람은 꾸준한 소득을 만드는 데 집중한다.
FQ가 낮은 사람은 소비를 하고 남은 돈을 저축한다.
FQ가 높은 사람은 투자를 하고 남은 돈으로 생활한다.
FQ가 낮은 사람은 주말에 관심이 많다.
FQ가 높은 사람은 3~5년 뒤의 미래에 관심이 많다.

"하루 종일 일하는 사람에게는 돈 벌 시간이 없다."

−존 록펠러

07
기술의 발달과 부의 이동

　세 가지 소득원 이상으로 중요한 것이 부의 미래를 예측하는 것이다. 단기적인 사건 하나하나를 예측하는 것은 어렵지만, 거대한 흐름은 충분히 예측이 가능하다. 역사적으로 기술의 발달은 세상을 변화시켰고, 그 변화에 민감하게 반응한 사람들에게 부가 이동했으며, 변화가 보편화되면 시대를 지배하는 공통된 사고방식(패러다임)이 바뀌었다. 이러한 기술의 발달 중 역사적으로 인류를 가장 크게 변화시킨 사건을 산업 혁명이라고 부른다.

　산업 혁명 이전 시대의 주요 산업은 농업이었다. 농경 사회에서는 땅을 소유한 지주는 부와 권력을 가질 수 있었다. 오랜 시간 이어져 내려온 이 부의 법칙은 18세기 신기술의 발명으로 시작된 1차 산업 혁명에 의해 완전히 변해 버렸다. 1769년 영국의 제임스 와트는 열에너지를 운동 에너지로 바꿀 수 있는 증기 기관을 개발하는 데 성공했다. 이 기술을 활용하여 말보다 훨씬 많은 양의 짐을 더욱 빠르게 이동시키는 증기 기관차와 더불어 기존의 방적기보다 160배 빠르게 실을 생산하는 증기 방적기 등의 다양한 기계들이 발명됐다.

증기 기관에 사용되는 석탄도 중요한 자원으로 급부상했다. 폭발적인 생산성 향상은 공장에 부를 집중시켰고, 이를 통해 부를 축적한 공장주들은 신흥 부자로 떠오르게 되었다.

19세기에는 미국의 토머스 에디슨이 이끈 전기의 대중화와 함께 공업 기술이 고도화되면서 2차 산업 혁명이 일어난다. 이때부터 석유와 전기를 이용해 더 효율적인 대량 생산이 가능해지면서 공장주들은 더 큰 부를 축적하고 거대 자본가로 재탄생하게 된다.

20세기 컴퓨터와 인터넷의 발달은 3차 산업 혁명을 가져온다. 이 시기를 정보화 시대라고 부르는데, 시공간을 초월한 정보의 공유가 가능해진 시기다. 컴퓨터는 1946년, 인터넷은 1969년에 발명되었으나 보급은 1990년대에 이루어졌다. 이로 인해 마이크로 소프트의 빌게이츠를 필두로 한 수많은 IT기업 백만장자들이 등장하게 되었다.

2015년 세계 경제 포럼에서 처음 공식적으로 발표된 4차 산업 혁명은 현재 진행형이다. 인공 지능과 사물 인터넷, 그리고 고도화된 로봇 기술 등이 인간의 능력을 초월하는 시기 즉, 구글의 전재 엔지니어 레이 커즈와일이 말했던 '특이점(Singularity)'에 도달할 것으로 예측되고 있다. 4차 산업 혁명은 이 세상 모든 것을 스마트폰처럼 만든다고 생각하면 이해가 쉽다. 사물은 스마트씽(thing)이 되고, 자동차는 스마트 카, 공장은 스마트 팩토리, 도시는 스마트 시티가 된다. 스마트X는 스스로 생각할 수 있는 지능을 가지고 있을 뿐만 아니라 언제든 사용자의 명령을 수행할 수 있도록 온라인으로 연결되어 있다.

	신기술	변화	주요 산업		부자
			산업	자원	
0차	·	·	농업	인력	지주
1차	증기	기계화	채굴, 섬유	석탄	소/중형 공장주
2차	전기	대량 생산	차량, 선박, 항공, 건설	석유	대형 공장주
3차	컴퓨터, 인터넷	정보화	IT, 통신, 스마트폰	배터리	IT기업주
4차	AI, ioT 로봇	지능화, 초연결화	스마트X, 메타버스, 엔터테인, 웰니스	신에너지, 바이오	플랫폼주

저명한 이스라엘의 역사학자 유발 하라리는 AI와 로봇의 발달로 인해 인간의 노동력이 점차 대체될 것이며, 이로 인해 취직이 불가

능한 '무용(無用) 계급'이 생겨날 것이라 예측했다. 드론이 공중 촬영을 위한 조종사와 카메라맨의 업무를 대체하고, 키오스크와 요리 로봇, 그리고 서빙 로봇이 음식점 종사자의 업무를 대체하고 있는 것만 봐도 이 일이 현실로 점점 다가오고 있음을 느낄 수 있다. 게다가 의료 AI 왓슨, 법률 AI 알파로(alpa-law)를 비롯하여 AI 콜센터, AI 작곡가, AI 미술가, AI 프로그래머까지 등장하며 각종 일자리를 대체하고 있다. AI 채팅 프로그램인 ChatGPT는 친구와 선생님까지 대체하려는 기세로 성장 중이다. 미래를 긍정적으로 그려 본다면 인류는 일하지 않고도 풍족한 삶을 누릴 수 있을 테지만, 부정적으로 그려 본다면 빈부의 격차는 커지고 대부분의 사람들이 무용 계급으로 전락하고 말 것이다.

한편 기술의 발달과 함께 더 높은 삶의 질에 대한 관심은 점점 고조되고 있다. 그 결과 시공간을 초월시켜 주는 메타버스와 즐거움을 주는 엔터테인먼트, 그리고 건강과 아름다움을 주는 웰니스 산업이 급부상 중이다. 세계 어린이들의 첫 메타버스로 급부상한 로블록스는 매월 약 2억 명의 사용자가 접속하고 있으며, 2020년 한 해 동안 플랫폼 제작에 동참한 사용자들이 올린 수익은 3천억 원에 달한다. 메타버스는 이제 시작 단계에 불과하며, 어른들의 세상까지 확장될 새로운 메타버스들이 앞으로 계속 등장할 것으로 보인다.

영화, 음악, 스포츠, 게임 등 다양한 산업을 망라하는 엔터테인먼트 분야의 수요도 폭증하고 있다. 배우, 가수, 선수 등의 전문가들로 이루어진 전통적인 산업도 확장되는 한편, 유튜브나 틱톡 등 다양한 플랫폼에 참여하여 소득을 올리는 사용자들도 폭증하고 있다. 젊음과 아름다움, 그리고 건강에 대한 관심도 함께 높아지면서 웰니스 산업도 크게 성장하고 있다. 글로벌 웰니스 협회에 의하면 매년 성장하고 있는 웰니스 산업은 2020년에 약 6천조 원의 매출을 올렸다. 웰니스 산업도 플랫폼을 통해 매출에 기여한 사용자들에게 소득을 개인들에게 분배하는 방식이 확산되고 있는데, 웰니스 산업 강국인 미국에서는 2020년에 약 8백만 명의 사용자들이 플랫폼을 통해 소득을 올렸다.

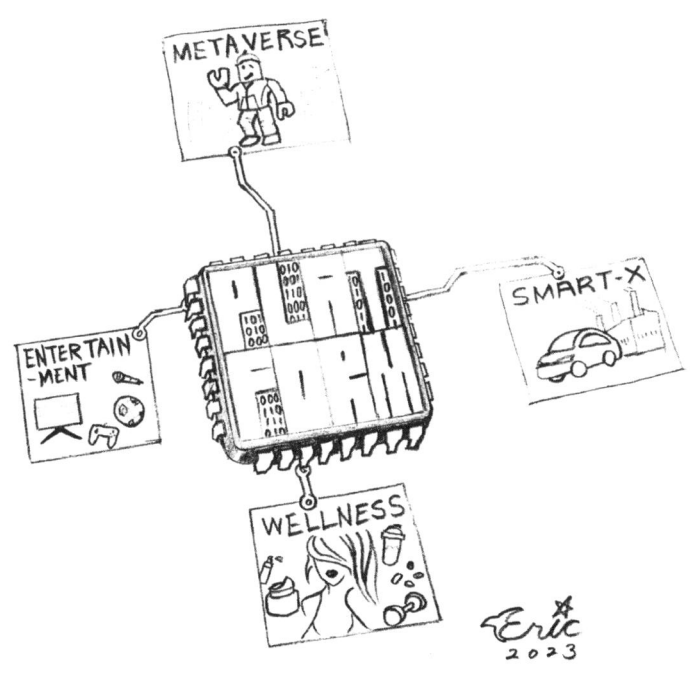

온라인 플랫폼은 새로운 세상을 건설하고 있다. 이미 마이크로소프트, 구글, 애플 등의 기업들은 운영 체계라는 자신들만의 온라인 대륙을 소유하고 있는 셈이다. 그리고 각 기업들은 그 운영 체계 위에 웹과 애플리케이션의 형태로 자신들의 온라인 도시를 건설하고 있다. 그리고 온라인 도시를 기반으로 수많은 온라인 빌딩이 세워지고 있으며 그 건물의 주인이 될 기회는 누구에게나 활짝 열려 있다. 온라인 플랫폼을 구축하여 소득을 올린다는 것은 누구에게나 처음 해 보는 생소한 일이다. 다만 조금 더 일찍 도전하는 사람에게 좀 더 많은 기회가 있을 뿐이다.

"미래를 예측하는 가장 믿을 만한 방법은 스스로 미래를 만드는 것이다."

-브라이언 트레이시

08
시간의 상대적 가치

    모든 사람은 24시간이란 시간을 똑같이 누리고 있다. 기원전 이스라엘 사람들이 이집트에서 광야를 헤맬 때 매일 하늘에서 내려온 양식 '만나'를 먹은 것처럼 24시간은 세상 모든 사람들에게 매일 주어진다. 만나는 다음 날 먹기 위해 보관하면 바로 썩어 버려 보관이 불가능한데 이 속성은 시간도 마찬가지다. 따라서 이 소중한 자원을 얼마나 가치 있는 일에 효율적으로 사용하느냐에 따라 인생의 결과는 크게 달라진다.

    시간의 양은 같아도 그 가치는 다를 수 있다. 시간은 금이라고 했지만, 어떤 시간은 금보다 가치가 매우 떨어지기도 하고, 어떤 시간은 금으로도 절대 살 수 없다. 마이크로소프트의 창립자이자 당대 세계 최고의 부자였던 빌 게이츠가 100달러짜리 지폐를 줍기 위해 1초를 사용하면 1초에 150달러를 버는 빌 게이츠는 손해를 본다는 이야기는 매우 유명하다. 빌 게이츠 자신은 100달러를 주울 것이라고 답하긴 했지만, 많은 사람들은 빌 게이츠가 50달러를 손해 본다며 줍지 않을 것이라 이야기했다.

일반적으로 직장에서 100달러를 벌기 위해서는 하루 8시간 이상 일해야 하는데, 100달러와 맞바꾸는 8시간의 가치가 금보다 크다고 하기는 힘들 것이다. 하지만 사랑하는 사람과 이웃, 어려운 사람을 위해 사용하는 8시간은 돈을 벌긴커녕 돈을 쓰더라도 그 시간의 가치는 금보다 귀할 수도 있다. 물론 돈 버는 시간은 중요하지만, 그보다 소중한 시간이 분명 존재한다.

이 세상 모든 사람들에겐 남는 시간이 없다. 백수가 과로사 한다는 말도 있듯, 모든 사람들은 하루 24시간을 꽉꽉 채워 사용하고 있다. 잠자는 시간과 일하는 시간을 제외하면 하루 4~8시간 정도 남는다. 퇴근하고 저녁 식사 후 유튜브, 틱톡, 넷플릭스, 인스타 등을 무심코 보다가 잠잘 시간을 훌쩍 넘겨 서둘러 잠자리에 드는 상황을 경험해 본 일이 있을 것이다. 어떤 때는 갑자기 차가 고장 난다든지, 병원에 가야 한다든지 해서 시간을 쓰게 되는 경우도 많다. 이렇게 급한 일들이 많은 삶은 스트레스도 많이 받는다. 그리고 정작 운동하고, 책 읽고, 사랑하는 사람과 온전히 나누는 데 사용할 소중한 시간은 가지고 있지 않다고 말한다.

사람들이 급한 일에 쫓기는 이유는 간단히다. 중요한 일을 먼저 해결해 놓지 않았기 때문이다. 차를 평소에 잘 정비하면 고장 날 확률이 매우 적다. 평소에 좋은 생활 습관을 잘 유지하면 병원에 갈 확률도 매우 낮다. 경제적 자유를 이루면 매일 직장에 출근하기 위해 8시간을 사용할 필요도 없어진다. 아기 돼지 삼형제에게 막내 돼

지가 벽돌집을 완성시킨 후 늑대가 찾아올까 봐 걱정할 필요가 없는 것과 마찬가지다. 이렇게 중요한 일을 해결하는 데 먼저 시간을 사용하면 대다수의 급한 일들은 알아서 사라지는 것을 경험할 수 있다.

비슷한 조건으로 태어난 사람들 중 일부는 일찍 중요한 일을 해결해 놓고 자신의 시간을 소중한 곳에 재투자한다. 그러나 다수의 사람들은 자신이 편함과 즐거움에 먼저 시간을 낭비한 후 중요한 일을

할 시간이 없다며 급하게 살아간다. 이렇게 시간이 낭비되는 이유는 바로 체력과 의지력이 약한 데서 비롯된다. 우리에게 주어진 24시간은 같다고 해도 그것을 사용하는 사람들의 체력과 의지력은 천차만별이다. 사람들은 자신의 체력과 의지력 중 하나만 바닥나면 편한 상태로 돌아간다. 금연과 금주를 결심한 사람들이 다시 술, 담배를 하게 되는 타이밍은 직장에서 스트레스를 받았거나, 일을 마치고 회식을 할 때가 대부분이다. 하루 종일 열심히 다이어트를 하다가도 야식 때문에 무너지는 이유도 이와 같다.

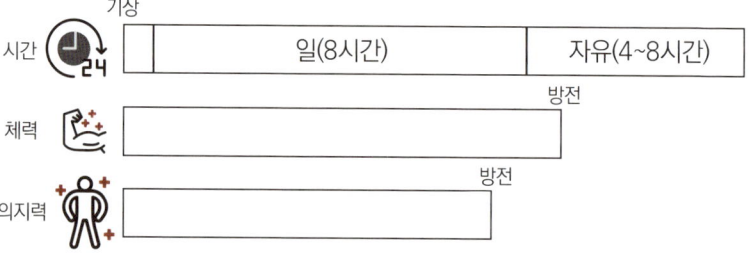

다행히 체력과 정신력은 기를 수도 있고, 관리할 수도 있다. '아침형 인간'이 되겠다며 일찍 일어나 자기 계발을 하는 이유가 여기에 있다. 잠을 자고 일어난 직후가 가장 체력과 정신력이 많이 남아 있기 때문에 이 시간에 중요한 일을 해야 한다. 낮잠, 저녁잠도 충분히 활용할 가치가 있다. 조종사 근무 시절 오후 비행이 있으면 점심시간에 잠깐이라도 낮잠을 자려고 노력했는데, 개운한 상태로 비행

해야 졸음을 예방할 수 있기 때문이다. 15세기 이탈리아의 천재 레오나르도 다빈치는 예술, 의학, 건축, 발명, 천문학, 역사, 음악, 체육, 요리 등 다방면에서 역사의 한 획을 그었다. 다빈치는 4시간마다 15분씩 잠을 자고 활동한 것으로 유명한데, 이 방법은 집중할 때에 필요한 체력을 유지하는 데 매우 도움이 된다.

가장 시간을 많이 확보할 수 있는 방법은 시간을 돈으로 사는 방법이다. 한국 중산층의 평균 소득은 약 500만 원인데, 이 이상의 소득을 일하지 않고 벌 수 있는 경제적 자유를 만들면 하루 8시간 이상의 시간은 온전히 내 것이 된다. 이렇게 되면 일하는 데 소모되지 않은 체력과 정신력으로 당신이 중요하다고 생각하는 일에 온전히 시간을 사용할 수 있다.

"시간은 만드는 것이다.
'시간이 없다'라는 말은 '하기 싫다'라는 말과 같다."

―노자

09
해피리치 플래닝

군대는 전쟁을 예방하기 위해 혹시 발발할 수도 있는 전쟁을 계획하고 준비한다. 전쟁 계획에 있어서 그 최종 목표는 무엇일까? 당연히 전쟁에서 승리하는 것이다. 그렇다면 전쟁에서 승리한다는 것은 무엇인가? 적군을 물리치긴 했는데 국민의 대부분이 사망했다면 승리했다고 할 수 있는가? 적을 섬멸했는데 핵미사일이 발사되어 전국이 방사능에 오염되어 살 수 없게 되었다면 승리라고 부를 수 있는가? 적을 이긴다고 모두 승리라고 부를 수 없다. 그래서 전쟁을 계획할 때에는 전쟁 후 '최종 상태'라는 승리의 조건을 자세히 정의한다. "국민의 00%는 생존해야 한다.", "핵무기는 모두 우리가 확보해야 한다." 등의 조건들을 자세히 나열하고, 그것들을 모두 달성하게 된다면 그때야 비로소 승리했다고 말할 수 있게 된다.

인생 계획도 마찬가지다. 우리는 모두 성공한 삶, 행복한 삶을 살기 원한다. 하지만 어떠한 삶을 꿈꾸냐고 사람들에게 물어보면 자신의 인생 목표에 대해 바로 답변을 할 수 있는 사람은 드물다. 명확한 인생 계획 없이 살아가는 사람들이 많기 때문이다. 당신이 원하는 미래를 만들기 원한다면 지금 당장 목표부터 정해야 한다. 내가 생각하는 성공한 삶, 행복한 삶은 과연 어떤 모습일까? 어떠한 조건을 달성하면 스스로 행복한 삶을 살았다고 확신할 수 있을까? 당신이 원하는 것들에 대해 빈칸에 생각나는 대로 순서에 상관없이 적어 보자. 남들 눈치를 볼 필요 없이 당신이 원하는 것을 적어야 한다. 빈칸을 모두 채울 필요는 없다. 목표는 이루다 보면 계속 늘어날 것이다.

목 표			

목표 리스트를 완성하였다면, '목표' 옆 칸에 '견적'이라고 적는다. 이 '견적'란에는 목표가 돈으로 환산이 된다면 금액을 적고, 체중 조절이라면 KG 등 측정 가능한 수치를 적는다. 정확한 수치가 없다면 해당 목표 달성에 성공 여부를 확인할 수 없기 때문에 이룰 수 있는 확률이 매우 적어진다. 목표에 '집'을 적었다면 옆에 정확한 주소를 적고, 견적란에 현재 시세를 적는다. '차'를 적었다면 정확한 모델명을 적고, 견적란에 차량 가격을 정확하게 적는다.

견적란 오른쪽에는 '기한'이라 적는다. 모든 생명체는 살아 있는 기한이 있고, 모든 음식에는 먹을 수 있는 기한이 있다. 마찬가지로 당신의 목표도 기한이 있다. 예를 들어 부모님과 함께 멋진 곳을 여행하는 것이 목표라면, 부모님이 여행하실 수 있을 정도로 건강하실 때까지만 유효한 목표가 된다. 자녀가 성인이 되어 독립하기 전에 함께 추억을 쌓는 것이 목표라면, 자녀가 성인이 되기 전까지만 유효한 목표이다. 이렇게 모든 목표에는 유효 기간이 존재하며, 그 기간 내에 이뤄 내야만 가치가 있다.

목표 리스트 맨 오른쪽 칸에는 '순위'라고 적는다. 시간이라는 자원은 모든 사람에게 똑같이 주어지지만, 누군가는 위대한 일을 해내고, 누군가는 평범하게 살다가 세상을 떠난다. 그 차이는 바로 '집중'을 얼마나 잘했는가에 의해 결정된다. 기업이 확실하게 망하는 방법은 다양한 것을 해내려고 모두 시도하는 것이라는 이야기가 있다. 기업이 성공하려면 중요한 상품에 모든 능력을 집중해야 한다.

여러 마리의 토끼를 동시에 쫓으면 한 마리도 잡기 어렵다는 집중의 원리는 개인에게도 똑같이 적용된다.

집중을 하기 위해서는 '절약'하는 것이 중요하다. 연료가 제한적이라면 여러 차에 집어넣기보다 한 차에 집어넣는 것이 더 멀리 갈 수 있다는 점은 당연하다. 당신의 시간도 최대한 절약해야만 가장 중요한 것을 해낼 수 있다. 따라서 당신이 적어 놓은 목표 중에서 가장 중요한 목표를 찾아내야 한다. 가장 중요하다고 생각되는 5가지 목표에 1부터 5라는 우선순위 번호를 적어 보는 것이다. 그리고 그 5가지 목표 중 핵심 목표(core objective)를 찾아낸다. 핵심 목표는 그 목표를 이룸으로서 다른 목표가 자동적으로 이루어지거나, 다른 목표를 이루기 쉽게 만들어 주는 목표를 말한다. 예를 들어, 차를 사면 국내 여행을 하는데 도움이 된다거나, 경제적 자유를 먼저 이루면 시간적 자유를 이루는 것이 쉬워진다는 것이다. 당신의 핵심 목표를 찾았다면 별표를 친다. 그리고 그 핵심 목표가 건강, 돈, 시간 중 어떤 부분에 속하는지 구분해 보자. 당신의 목표가 건강, 돈, 시간 중 한 가지만을 위한 것이라면 나머지 두 가지에 대한 핵심 목표를 하나씩 찾아서 별표를 친다. 아무리 좋은 목표를 이뤘다고 할지라도, 3가지 행복의 요소 중 하나라도 잃게 되면 무의미해지기 때문이다.

"생각을 집중해야 바라던 결과를 얻을 수 있다."

-지그 지글러

10
해피리치를 결단하라

이제 당신이 별표 친 3가지 목표를 아래 표 하단에 기한과 함께 자세하게 옮겨 쓰자.

	건강 목표	재정 목표	시간 목표
일일			
1주			
1개월			
3개월			
6개월			
1년			
3년			
5년			
최종			

다음 단계는 목표를 계획으로 바꾸는 것이다. 차를 타고 목적지로 이동하기 위해 네비게이션에 입력하면 목적지까지 경로를 계산해서 안내해 준다. 이때 운전을 하면서 앞을 보지 않고 네비게이션만 본다면 목적지까지 가기는커녕, 즉각 멈추지 않으면 사고가 날 것이다. 우리가 운전을 할 때는 목적지를 보고 가는 것이 아니라 눈앞에 보이는 길을 보고 앞으로 나아간다. 마찬가지로 당신이 목표를 바라보고만 있다고 목표가 이루어질 수는 없다. 앞으로 나아가기 위해서는 매일 노력하면 성취할 수 있는 수준으로 목표를 작게 만드는 작업이 필요하다. 여러분의 최종 목표를 성취하기 위해 5년 뒤에 성취해야 할 모습을 그리고, 5년 뒤 목표를 3년 뒤로 자르고, 3년 뒤 목표를 1년 뒤로 자르는 방식으로 계속 나누다 보면 일일 목표로 작게 만들 수 있다.

이 일일 목표를 달성하다 보면 그것이 1주가 되고, 1개월, 1년, 3년, 5년이 되면서 최종 목표로 다가가게 될 것이다. 1주가 되면 일일 목표를 성실히 달성하였는지, 달성을 왜 못하였는지 등에 대해 점검해 보아야 한다. 일일 목표를 성실히 달성했는데, 주간 목표가 달성되지 않았다면 일일 목표를 수정해야 할지도 고민해 봐야 한다. 이렇게 최종 목표로 가는 방향성을 가지고 살아가는 삶과 그렇지 않은 삶은 시간이 지날수록 거대한 차이가 생겨난다. 당신이 가진 모든 능력은 한순간에 만들어진 것이 없다. 꾸준히 해 온 것만 당신의 능력이 되어 있을 것이다. 마찬가지로 당신이 목표로 하는 건강, 돈, 시간도 꾸준한 노력 속에 어느새 현실로 다가올 것이다.

이 계획을 실천하는 사람들이 공통적으로 경험하는 두 가지 시행착오가 있다. 첫 번째는 초반에는 성과가 거의 느껴지지 않는다는 점이다. 멋진 몸을 만들기 위해 도전하다가 그만두는 사람 중 대부분이 초반에 그만둔다. 초반에는 익숙하지 않은 운동을 하느라 근육통과 아픔을 느끼는데, 그에 비해서 몸의 변화는 육안으로 확인이 어려울 정도로 미미하다. 대부분 몸의 변화는 2~6개월의 꾸준한 운동 후에 느끼게 되는데, 그때부터는 보람과 더불어 재미까지 느끼게 된다. 영양 섭취도 마찬가지다. 처음에는 소화도 잘 안 되고, 몸이 더 안 좋아지는 것처럼 느껴질 때도 있다. 그런데 2~6개월 지나면 컨디션이 좋아졌다는 것을 뒤늦게 깨닫고, 몇 년이 지나면 건강이 크게 좋아진 것을 알게 되면서 영양에 대해 신봉하게 된다. 돈 버는 일도 똑같다. 처음에는 시작하는 것도 어려운데, 수익도 거의 올리지 못해 불안해진다. 하지만 꾸준한 노력을 기울여서 익숙해지면 소득도 늘어나고 여유를 만드는 요령도 생긴다. 어떤 일이든 초기의 어려움에 대해 충분히 각오하지 않으면 쉽게 포기하게 되지만, 익숙해지면 편안한 일상이 되는 법이다.

 두 번째는 시행착오는 모든 사람에게 무조건 역경이 올 것이란 사실을 간과하는 데서 비롯된다. 지금까지 살아오면서 사고를 경험한 적은 몇 번인가? 위험했던 적은 몇 번인가? 누군가로부터 상처를 받았던 적은 몇 번인가? 계획을 실천하려다가 급한 일이 생겨서 중단된 적은 몇 번인가? 아마도 엄청나게 많은 역경을 경험을 해 왔을 것이다. 이러한 역경들은 우리가 목적지로 향하는 길에서 만나는 돌부리와 같다. 길이 험하다는 사실을 예상하지 않고 뒷산에 올라가듯 편안한 복장에 슬리퍼를 신고 여정에 나섰다면 돌부리에 걸려 넘어져 무릎에 피가 나는 것을 보자마자 집으로 돌아갈 것이다. 하지만 당신의 목표가 히말라야와 같이 높다면, 복장과 장비를 갖추고 체계적인 운동과 예행연습으로 철저히 준비할 것이다. 그리고 그렇게 준비한 당신의 앞길에 돌부리가 아닌 바위가 나타나더라도 당연한 듯 넘어가게 될 것이다. 장애물은 커다랄수록 그 위로 올랐을 때 더 높은 디딤돌이 되어 준다는 것을 잊지 말자.

해피리치가 되길 원하는 당신은 그 목표를 이룰 계획까지 가지고 있다. 이제 남은 것은 반드시 이뤄 낼 수 있다는 믿음이다. 지금까지 사람들이 이루어 낸 많은 것들은 누군가가 상상했고 그것이 이루어질 수 있다고 믿었던 것들이다. 특별한 목표를 가진 사람들은 그런 목표를 가지지 않은 사람들에 의해 힘을 잃는다. 다른 사람들이 믿어 주지 않는데, 나조차 스스로를 믿어 주지 않는다면 그 목표를 어떻게 이룰 수 있겠는가? 가장 좋은 방법은 나와 비슷한 목표를 가진 사람들을 찾거나 내 목표를 이미 이룬 사람을 만나는 것이다. 이런 사람들은 당신의 꿈을 응원해 주고, 함께해 주고, 안내해 줄 것이다.

당신이 성공할 수 있음을 당신 스스로 진심으로 믿어 주는 것이야말로 성공의 시작이다. 내가 변화를 결단하고 주변 사람들에게 이야기했을 때, 사람들은 지금 잘 살고 있는데 왜 그러려고 하느냐며 만류했다. 그러나 내가 스스로의 믿음을 저버리지 않고 노력하여 충분히 변화했을 때, 사람들은 어떻게 변했느냐고 물어보았다. 그리고 그 변화의 물결을 계속 연결되어 더 많은 해피리치들이 탄생하고 있다. 이제 당신 차례다. 당신이 행복한 삶을 이루고 다른 누군가의 행복한 삶의 멘토가 되는 그날이 오길 소망하며!

"당신의 운명이 결정되는 것은 결단하는 그 순간이다."

-토니 로빈스